LE TIERS ÉTAT

ET

LA DYNASTIE

NAPOLÉONIENNE.

—

ÉTUDE POLITIQUE DE 1789 A 1852.

PARIS,

TYPOGRAPHIE DE FIRMIN DIDOT FRÈRES,

RUE JACOB, 56.

—

1853.

Paris. — Typographie de Firmin Didot frères, rue Jacob, 56.

LE TIERS ÉTAT

ET LA

DYNASTIE NAPOLÉONIENNE.

—

ÉTUDE POLITIQUE DE 1789 A 1852.

I.

Les savants, qui découvrent à peu près toutes choses, se sont aperçus sans doute depuis longtemps que la bourgeoisie moderne est fille du christianisme. Seulement, comme c'est le fait le plus grave de l'histoire, ils ont oublié de le noter en passant.

L'antiquité païenne ne nous montre tout entière que des privilégiés, d'une part, et de l'autre des victimes du privilége. Les rôles

1.

étaient acceptés comme une loi du destin, avec résignation par ceux dont on abusait, avec tranquillité d'âme par ceux qui abusaient.

En appelant les esclaves à briser leurs fers, Spartacus ne songea pas un seul instant à proclamer les droits de l'homme. Aussi ne vit-on aucune de ces tentatives de révolte arriver à bonne fin.

Les idées seules engendrent les faits. Or les idées païennes condamnaient les victimes et absolvaient les bourreaux.

Éternellement il y aurait eu des oppresseurs, éternellement il y aurait eu des opprimés, si Dieu n'eût envoyé son fils pour racheter le vieux monde condamné en Adam.

Abel, le peuple, le dernier-né, le plus faible et le plus doux, avait été au commencement immolé par Caïn, le plus fort, le premier-né, le patricien, le privilégié. Depuis quatre mille ans la voix de son sang montait vers le ciel.

Jésus-Christ nous avertit lui-même qu'il est venu pour le délivrer.

II.

Au delà de l'ère chrétienne, l'idée type, la formule du bourgeois n'existait pas dans le monde. Il fût resté aussi miraculeux que le Phénix ou la Chimère.

Cette formule une fois révélée, il a fallu dix-huit cents ans de travaux et de progrès pour qu'elle se réalisât.

En conséquence, les fortes têtes politiques font dater le commencement de la révolution de l'an 1789; juste le moment où elle finissait.

Quand nous parlons de la révolution, des principes de la révolution, nous parlons d'une chose morale. Eh bien! cette révolution morale était accomplie en 1789.

Nous pouvons croire là-dessus ses adversaires et ses apologistes.

« Ce qui a perdu Louis XVI, dit Froment dans ses brochures, c'est d'avoir eu des ministres philosophes. » Et Michelet continue : « Ce qui rendait la contre-révolution généralement impuissante, c'est qu'elle avait en elle, à des degrés differents, mais enfin qu'elle avait au cœur la philosophie du siècle, c'est-à-dire la révolution même... Tous alors, la reine même, le comte d'Artois, la noblesse, étaient, à des degrés différents, atteints de l'esprit nouveau. »

Les semences jetées dans le monde par le christianisme étaient mûres. Mais, hélas! de quelle ivraie elles étaient mélangées!

Aussi faut-il bien dire qu'elles avaient été cultivées, de siècle en siècle, par d'étranges jardiniers.

D'abord par les avocats du Bas-Empire; puis par les conquérants barbares; puis par la féodalité; puis par les hérésiarques du moyen âge; puis par les protestants; puis par la royauté absolue; enfin, par les philosophes

du dix-huitième siècle, qui, venus à la on-
zième heure, n'en avaient pas moins le
mieux besogné peut-être pour le bien et
pour le mal.

Tous ces travailleurs au grand œuvre politique avaient apporté, chacun à leur tour,
des éléments mal épurés.

De sorte que le jour où le mélange fut mis
sur le fourneau pour la transmutation, il y
eut une explosion épouvantable.

Le laboratoire faillit en sauter; presque
tous les acteurs présents y trouvèrent la mort;
et rien ne serait fait, si un homme provi-
dentiel ne se fût rencontré, qui sut extraire
de ces cendres et de ces débris l'or qu'ils
contenaient.

III.

L'esprit de parti, qui amoindrit les pers-
pectives, a voulu faire de la révolution une
querelle de clocher, et a vu dans les com-

battants des Francs et des Gaulois. Il ne s'a-
gissait guère d'une rancune de conquête, et
il y avait bien d'autres intérêts en jeu.

Pourquoi les vaincus d'hier, vainqueurs
aujourd'hui, s'ils n'avaient combattu que
leur combat particulier, n'eussent-ils pas pris
purement et simplement la place de leurs adversaires anéantis?

Est-ce que la place de l'aristocratie a été
prise? est-ce qu'elle n'est pas restée, est-ce
qu'elle ne restera pas toujours vide?

Ce n'est point contre des hommes, ce n'est
pas même contre des institutions, c'est contre des idées que se sont levés les bourgeois
de 89.

Eux-mêmes ne représentaient ni une race,
ni une forme politique, ni un intérêt de
caste. Ils représentaient une croyance, un
dogme.

Le dogme de la personnalité humaine, que
la religion avait fait peu à peu pénétrer au
plus vif des cœurs.

Dans les temps païens, l'humanité était impersonnelle.

Le troupeau des hommes se classait en nations et en castes, comme le troupeau des autres créatures se classe en genres et en familles.

Le véritable agent révolutionnaire est le dogme chrétien, qui a renversé ce point de vue.

Ce dogme nous présente le fils de Dieu mourant, non pour tous les hommes en général, mais pour chaque homme en particulier. Et ainsi il a appris au monde que l'individu était tout, que l'espèce n'était rien.

Dès lors le premier venu s'est trouvé revêtu d'une noblesse et d'une dignité plus hautes que celles des seigneurs et des princes.

Toute la politique moderne est sortie de là.

IV.

Quand Sieyès, le grand théoricien du mouvement de 89, disait : Qu'est-ce que le Tiers ?

rien; qu'est-ce qu'il doit être? tout, Sieyès faisait de l'arbitraire à sa façon. Il tenait la vérité dans sa main, et refusait de l'ouvrir tout entière.

Il fallait dire : Qu'est-ce que l'individu ? rien. Qu'est-ce qu'il doit être? tout.

C'est ce que la suite fit bien voir ; et c'est ce qui explique admirablement l'étonnante puissance de la bourgeoisie de 89 pour jeter bas l'édifice politique qu'elle attaquait ; et son impuissance, plus étonnante encore, pour élever en place celui qu'elle rêvait.

Voyez, elle vient aux états généraux, humble, timide, irrésolue, sans organisation et sans projets arrêtés. On se moque d'elle, on la met à la porte, on la fait trotter dans la boue, on la laisse à la pluie ainsi qu'un tas de laquais (1).

Ces laquais patientent d'abord; puis ils murmurent; puis ils essayent de l'indépen-

____

(1) Voir les journées des 20, 22 et 23 juin 1789.

dance ; bref, ils s'enhardissent à ce point qu'ils se déclarent les maîtres.

Ils regardent alors autour d'eux.... La noblesse d'Hugues Capet, le clergé de Richelieu et de Mazarin, la monarchie de Louis XIV, les parlements de Louis XV, tout avait disparu ! Les institutions du passé s'étaient évanouies comme un songe.

Le tiers état se vit seul, et il eut peur.

V.

Ce n'était pas sans raison.

Ses théories constituantes, ou, comme on a dit plus tard, constitutionnelles, ses rêves philosophiques de liberté sage risquaient fort de mourir en naissant.

Et ce qu'il y avait de pis, c'est qu'ils emportaient avec eux les têtes où ils avaient germé.

Le tiers état a fourni, à lui seul, les quatre cinquièmes des victimes de la révolution.

Chauffeur imprudent, il avait mis la ma-

chine en mouvement quand le machiniste n'é-
tait point là ; et le mouvement l'emportait, ir-
résistible, désordonné, vertigineux.

Qu'étaient devenus ses chefs éloquents, les
vainqueurs de l'ancien régime, les libérateurs
de la France ?

Ils étaient morts pour la plupart ; morts au
champ d'honneur, c'est-à-dire sur l'échafaud.
Le reste était errant, proscrit, exilé.

Et cependant l'un des plus nobles et des
plus sages esprits d'entre eux, Mounier, re-
gardant des hauteurs de l'exil cette Babel af-
freuse où s'agitaient convulsivement les Fran-
çais, se demande si le serment du Jeu de
Paume, qu'il a proposé, fut juste et fondé en
droit.... Et là même, dans l'émigration, parmi
tous les préjugés de la lutte et du malheur, il
n'hésite pas à se répondre : Oui!

C'est que vraiment le tiers état avait fait
une œuvre grande et belle parmi les œuvres
grandes et belles qu'il est permis à l'humanité de réaliser ici-bas.

Il avait proclamé et rendu désormais irré-
vocable l'affranchissement de l'individu.

VI.

On appelait cela alors, comme on l'appelle
encore aujourd'hui, le règne de la liberté, de
l'égalité et de la fraternité.

En conséquence, on emprisonnait au nom
de la liberté, on terrorisait au nom de l'égalité, et on guillotinait au nom de la fraternité.

Nous ne voulons pas reconnaître que nos
idées politiques sont le reflet de la lumière
divine, qui passe à travers nos passions
comme la lumière terrestre à travers le pris-
me, pour s'y briser, s'y colorer de mille nuan-
ces, et nous présenter les images renversées
des choses.

La liberté, l'égalité et la fraternité sont bien
contenues dans le dogme catholique de l'a-
doption divine de chacun des hommes en
Jésus-Christ.

Chaque homme étant devenu le frère du fils de Dieu, et, en cette qualité, adopté par Dieu comme son enfant, tous sont égaux, tous sont également libres, tous sont frères et doivent s'aimer en frères.

Mais l'état politique qui répond à cette notion ne peut se réaliser que dans des conditions de perfection morale que tout un peuple n'a jamais présenté, et ne présentera probablement jamais.

Comme certaines combinaisons matérielles ne peuvent réussir que dans le vide, celle-ci ne peut s'effectuer que dans le vide absolu de nos passions et de nos instincts mauvais.

Tout notre progrès consiste à avoir introduit et appliqué en politique la notion de la valeur individuelle de l'homme, qui nous a été fournie par le christianisme.

Nous en avons fait l'égalité devant la loi, sur quoi repose tout notre système.

VII.

Lorsque le tiers état a proclamé ce principe, il voulait simplement conquérir une large place au soleil du pouvoir, et s'y établir tranquillement.

Il ne savait pas qu'il était seulement appelé à être le témoin de la vérité et à la sceller de son sang.

Au reste, il a eu le courage du martyre. Et ses membres les plus illustres, persécutés, emprisonnés, conduits à la mort, en dérision même de la vérité qu'ils annonçaient, n'ont pas un seul instant douté de son triomphe.

Ce qu'on appelle ordinairement la révolution, cet horrible spasme qui fit durant huit ans la France se tordre sur un lit de bave et de sang, devait avoir un résultat plus vaste, plus national qu'on ne l'avait prévu.

Les intérêts particuliers et égoïstes y furent broyés et anéantis, pour ne laisser survivre que le sentiment impérieux, immense, ineffaçable désormais de l'intérêt général.

A la fin de cette crise, les trois états, en France, étaient brisés; et par conséquent il n'y avait plus de tiers état.

La noblesse n'existait plus comme classe; le clergé n'existait plus comme classe ; la bourgeoisie n'existait plus comme classe. Aucune classe ne se pouvait reformer dans la nation.

Tout esprit de corps était éteint pour toujours.

Les éléments anciens et les éléments nouveaux, tout ce qu'il y avait de vieux et tout ce qu'il y avait de jeune, l'aristocratie, le parlement, le barreau et la boutique, tout avait été si bien trituré dans le terrible mortier révolutionnaire, qu'il ne restait qu'une fine poussière d'individus, chacun avec les mêmes droits, et au fond avec les mêmes idées, malgré les rancunes et les défiances.

VIII.

Depuis ce moment, nous avons fait des progrès en organisation; nous n'en avons fait aucun en doctrine, quoiqu'on ait beaucoup parlé de doctrinaires.

Chose remarquable, et pourtant fort simple et naturelle, tous les principes invoqués en 1830 et en 1848 sont textuellement dans les cahiers de 89. Rien absolument de nouveau.

La révolution est finie, l'évolution commence.

La formule de cette révolution, l'idée chrétienne de la valeur et de l'égalité individuelle de l'homme a mis près de deux mille ans pour pénétrer la croûte résistante de nos institutions.

Bien qu'à mesure que nous devenons plus chrétiens en politique les progrès soient plus rapides, nous devons à coup sûr patiente avant d'atteindre une formule supérieure.

Prenons garde de ne trouver sur notre route que des révolutions stériles. Celles même qui sont fécondes se payent déjà d'un trop haut prix.

L'humanité a marqué chacun de ses pas avec le plus pur de son sang.

Si le sol nous est moins dur, c'est qu'il s'est exhaussé des débris de tant de générations, qu'il a dévorées toutes vives, et qu'il est humide encore de leurs larmes.

Il y a autour de nous des joueurs avides, qui spéculent sur les destinées des nations; qui donnent gravement leurs impatiences pour les ardeurs du patriotisme, et leurs convoitises pour les saintes aspirations du dévouement.

De tels gens amènent les désastres; mais n'amènent point les progrès.

Au reste, qu'ils le sachent bien (et nous ne le disons pas pour eux, qui n'en veulent profiter, mais pour les hommes honnêtes, qu'il est bon de raffermir), quoi qu'ils fassent qu'ils disent ou qu'ils s'évertuent, ils ne presseront pas d'une minute la marche lente de l'horloge providentielle.

IX.

Nous faisons halte où nous a laissés le dernier coup de l'heure dont le son grave retentit encore dans nos bruits de chaque jour.

Regardons-nous de face, et jugeons, en hommes de cœur et de bonne foi, ce que la révolution a fait de nous.

On calomnie fort notre pauvre société, on l'outrage, on la bafoue. Heureusement, presque tout ce qu'on lui jette à injure peut être retourné à son avantage.

Un sentiment la domine, s'écrie-t-on : c'est le sentiment individuel, l'individualisme, comme l'on dit.

Mais, dignes censeurs, comment voulez-vous qu'il en soit autrement, puisqu'elle est la résultante des forces individuelles brisant le moule païen des castes et de la hiérarchie de race?

Cet individualisme la perdra.

Qui vous l'a dit? Si vous regardiez avec attention le mouvement des idées autour de vous, vous verriez, au contraire, que l'énergie et la responsabilité individuelles sont les seules forces qui la puissent sauver.

Quels sont ses ennemis les plus à craindre, et que les attaques de ces dernières années ont mis au grand jour?

Des païens qui veulent rétablir, sous une autre forme et à une plus haute puissance, le régime des associations écrasant l'individu.

Tous les socialistes (je parle des chefs d'école) sont, moins le talent, des rhéteurs des bons temps du Portique; de ces temps où Aristote, classant les hommes comme nous classons aujourd'hui les animaux, d'après leurs caractères physiques, disait froidement : « L'esclave est un homme laid. »

Les marchands d'hommes du Pirée esti-
maient leur marchandise d'après ses qualités
de corps et d'esprit, ainsi que le font les
communistes de nos jours.

Ceux-ci, malheureusement, ont affaire à
une société de chrétiens qui savent que chaque individu a une valeur morale qu'aucun
trésor de ce monde ne peut payer, et qui ne
se laisseront point vendre.

Si, depuis dix-huit siècles, la religion ne
nous enseignait que l'homme seul avec sa
conscience est plus fort que toutes les majo-
rités, le monde finirait encore, comme il était
menacé de finir, dans les sérails et dans les
bazars à esclaves.

Oui, notre société s'est individualisée,
puisqu'il m'est permis d'employer ce mot;
et c'est là, au grand scandale des penseurs
timides, c'est là son salut et la garantie de
son avenir.

X.

Mais comment fonder un gouvernement sur ce sable, qui va tous les jours se pulvérisant et s'égalisant davantage?

D'abord, et pour répondre à la métaphore, nous oserons dire qu'on fonde très-bien sur le sable.

La science moderne est venue, en fin de compte, demander le principe de la stabilité à ce qu'on tenait jusque-là pour l'élément même de la mobilité.

Ensuite, il n'est évidemment de possible qu'un gouvernement identique à la nation ainsi constituée; présentant les mêmes caractères; doué, qu'on me le pardonne, des mêmes pôles attractifs et des mêmes pôles répulsifs.

Un tel peuple offrira une magnifique assise à la monarchie.

Mais sa monarchie ne viendra point du

passé ; elle sortira des entrailles mêmes de la société nouvelle. Elle ne sera point sacrée par la tradition, elle sera sacrée par le vœu général et l'unanime accord.

Elle n'aura point ses racines dans les vieilles couches. Mais aussi elle ne portera pas le poids du temps, l'inclinaison des âges et les blessures des tempêtes politiques.

Elle se sera élancée d'un jet du sol moderne, et l'ombre qu'elle aura projetée sur le monde attestera la richesse de sa frondaison et la vigueur de sa séve.

Cette monarchie, son nom est dans toutes les bouches ; son souvenir fait battre toutes les poitrines populaires ; sa gloire est la gloire individuelle de tous les enfants du peuple : on a dit, avec un grand sens, que c'était le peuple fait roi et couronné empereur.

Nous avons maintenant la pleine intuition de cette parole.

Il fallait bien, en effet, que le peuple se reconnût dans l'homme à qui il s'est donné sans réserve, tête et cœur, corps et âme;

Qu'il vît en lui sa propre nature, ses instincts, ses désirs, ses pensées secrètes, ses aspirations tumultueuses, et jusqu'à ses passions.

Napoléon avait tout cela ; mais il l'avait à la manière des fondateurs d'empire, qui prennent les idées éparses, les condensent, les organisent, en forment le génie d'une nation, et le code de ses destinées.

A ce peuple d'individus, Dieu, qui protége la France, envoyait l'individualité la plus puissante qui eût encore paru dans le monde.

XI.

Pour bien saisir toute la grandeur de l'œuvre napoléonienne, il faudrait pouvoir embrasser d'un seul coup d'œil ce qui l'a précédé et ce qui l'a suivi, ce que nous étions et ce que nous sommes, ce qu'il nous a trouvés et ce qu'il nous a faits.

Qu'on se représente, s'il est possible, le déluge de crimes et de folies dont nous sortions à demi noyés, et sauvant à peine quelques reliefs de sens moral!

Fut-il un bouleversement de peuple comparable à ce bouleversement? Quelle fureur n'eût paru tranquille auprès de sa fureur, quel désordre n'eût semblé de l'ordre auprès de son chaos?

Nous ne savons qu'une chose plus étonnante que cette violence et ce désordre : c'est le calme et la régularité qui les suivent.

La lave fume encore, et le cratère, béant tout à l'heure, s'est comblé en une vaste plaine, unie, symétrique, toute dorée des moissons de l'avenir.

Comme ces conscrits qui, dès la première fois, vainquirent les vieilles bandes de l'Europe, ce peuple d'hier est beaucoup plus avancé en discipline et en organisation que les vieux peuples blanchis sous le harnais monarchique.

Habitués que nous sommes depuis un demi-siècle au spectacle de l'ordre et de la régularité, il nous semble que toujours il en a été ainsi, et que ce cours réglé des choses a sa source dans les profondeurs du temps.

Nous nous imaginons volontiers, à voir l'arrangement actuel du monde, qu'il n'y avait qu'à jeter les yeux autour de soi pour rencontrer les types et les modèles des gouvernements de nos jours.

Au contraire, c'est nous qui avons été les initiateurs et les maîtres de l'Europe en cet art gouvernemental, et quand il s'est agi de l'inventer, Napoléon, comme Dieu organisant le chaos, dut tirer toutes choses de rien.

Il s'est montré plus grand, dans cette conquête pacifique, qu'il ne l'a été par tout l'éclat des conquêtes de la guerre.

XII.

Cependant, si les éléments rebelles se sont

assouplis et façonnés ainsi sous sa main , de-
vons-nous en rendre uniquement compte à
la puissance et à l'habileté de cette main?
Nous ne le pensons pas. Cela tient à des
causes permanentes dont nous recueillons
aujourd'hui les fruits salutaires.

Cela tient à l'heureuse harmonie du caractère de Napoléon et du caractère de la
France nouvelle.

La France cherchait un guide pour la route
inconnue où elle s'engageait; elle avait soif
d'être gouvernée; elle invoquait des institutions appropriées à ses instincts et à ses goûts
nouveaux.

Et, néanmoins, elle eût souffert encore
plutôt que de recevoir ces dons des mains
de certains hommes. Elle répudiait également le présent et le passé.

Napoléon seul répondait à son idéal, à ses
désirs, à ses besoins, à ses aspirations.

Il est tout simple qu'elle l'épousât. Lui,
pour cadeau de noces, apportait la gloire.

Le monde connaît de ce don la grandeur
et l'éclat ; mais ce que l'on n'a pas suffisamment remarqué, c'est son opportunité et ses
vertus sans égales dans les circonstances d'a-
lors.

Qui sait où en seraient encore maintenant
les conquêtes utiles de la révolution, si elles
n'eussent reçu ce baptême fécondant de la
gloire napoléonienne ?

Les idées nouvelles s'envolèrent dans le
monde sur les ailes brillantes que cette
gloire leur attachait, et nul depuis n'a pu
rappeler leur essaim.

Dites s'il ne convenait pas merveilleuse-
ment à notre jeune liberté de jouer, tout enfant, avec les sceptres des vieux monarques ?

Les mains de tous étaient alors levées
contre la France, et elle-même levait la main
contre tous.

A la vue du régime nouveau, les gouvernements anciens avaient reconnu leur héritier ;
et ils se sentaient au cœur, contre lui,

l'inapaisable colère d'Hérode apprenant la naissance d'un nouveau roi.

Il s'agissait donc hardiment de planter à la gorge de l'Europe l'épée de la France, et de faire une si profonde trouée, que long-temps l'affaiblissement en demeurât.

L'épée ne s'est brisée dans les mains de Napoléon qu'après avoir frappé de tels coups, que le souvenir et l'effroi n'en peuvent dé-faillir.

Il est tombé vainqueur : la cause de la France et de la révolution moderne était ga-gnée. Les bruits de gloire qu'il laissait après lui étaient les acclamations mêmes de ce triomphe.

C'est ce qui lui a valu de devenir l'idole du peuple ; c'est ce qui a fait justement de son nom le palladium de la liberté ; c'est, enfin, ce qui a marié sa race à nos desti-nées futures.

XIII.

Si tôt que Napoléon eut disparu de la scène politique, on commença d'en apercevoir les détails et les acteurs subalternes.

On vit poindre alors des discussions bouffonnes, mais infiniment dangereuses, sur la légitimité même des conquêtes de la révolution.

Qui donc, pendant qu'il était là, eût songé seulement à mettre en doute de pareilles questions?

Ne pouvant faire autre chose, les partis se chamaillaient.

Il n'y avait plus de classes distinctes dans la nation; mais elles avaient laissé après elles leur monnaie, les partis politiques, qui s'évertuaient à les représenter.

La royauté ancienne, frottée de libéralisme, et emmaillottée d'une charte anglaise, se mouvait avec peine dans un milieu qu'elle ne reconnaissait plus.

A l'abri de ce gouvernement faible, défiant également pour ses amis et pour ses ennemis, oscillant tour à tour des uns aux autres, grandissait dans l'ombre l'hérésie de la foi nouvelle, cette secte fatale des jacobins, qui ne sentait plus sur elle la forte main de Napoléon.

Seule elle avait son but arrêté et ses espérances fixes ; mais, incapable d'y arriver par ses propres forces, elle tâchait de s'y glisser à travers les dissensions des partis.

Comme le serpent tentateur, elle soufflait à l'oreille du parti bourgeois de décevantes promesses d'empire et de domination.

Point n'était difficile de le tenter, car il avait toujours conservé l'espoir d'exploiter à son profit particulier les bénéfices de la révolution.

La secte le gouverna par son amour-propre, et le lança, comme une machine de guerre, contre le gouvernement ; comptant bien recueillir pour elle-même les fruits de la collision.

XIV.

Il s'en manqua de peu, en 1830, qu'elle ne restât maîtresse du champ de bataille. L'audace lui faillit au dernier moment, et le succès lui fut enlevé.

Ce n'était que partie remise. Elle connaissait le faible de ses concurrents heureux, et se mit aussitôt à l'œuvre pour en tirer avantage.

Elle savait qu'aucun gouvernement de classe n'est possible maintenant en France, que les velléités de ce genre sont immanquablement fatales, et que la seule apparence entraîne un arrêt d'exclusion.

Donc elle riva perfidement ce boulet aux pieds des hommes du pouvoir.

La nouvelle aristocratie fut dénoncée, poursuivie, raillée et fustigée par tous les moyens.

Quand le travail d'isolement et de mine

fut suffisamment avancé, elle reprit contre la royauté de Juillet la même manœuvre qui lui avait si bien réussi contre la Restauration. Elle lança à la tête des bourgeois du pouvoir d'autres bourgeois à qui elle faisait rêver héritage et conquête.

Le tour fut joué de main de maître, et le gouvernement se trouvait à bas avant d'avoir songé à se défendre.

XV.

Ce qui arriva alors, personne ne l'eût imaginé, les politiques étaient à cent lieues de le prévoir ; ils en sont encore tout ahuris.

La secte, maîtresse du pays par droit de déshérence et par manque d'adversaires, se trouva arrêtée court par les idées.

Une force nouvelle apparaissait, et commandait à toutes autres l'obéissance.

Il devenait évident que le même travail qui avait égalisé et assimilé les individus, avait également assimilé les idées.

Tout le monde pensait les mêmes choses sur les mêmes hommes; et ces hommes se trouvèrent livrés à leur incapacité personnelle et à leur impopularité. Le poids les accabla.

Il fallut bien reconnaître que jusque-là les partis s'étaient agités dans un monde à eux, sans que la nation prît grand souci de leurs luttes.

La masse, immense, compacte, avait vu les joutes se croiser sur sa tête et ne s'en était émue. Elle avait gardé patiemment, sous les divers régimes, son culte et sa foi.

Quand l'impuissance des rages, des convoitises et des ambitions fut bien constatée, quelqu'un parla de lui demander son avis.

Elle se leva comme un seul homme, jetant à la face de ses maîtres d'aventure le nom de Napoléon.

Toutes les rivalités s'accoisèrent, et le candidat du peuple passa roi sans conteste.

XVI.

Nous avons négligé à dessein les détails de ce tableau rapide.

Il y a assez de gens pour les pêcher dans l'eau trouble de l'histoire, et bâtir sur eux des systèmes qui se combattront sans fin, comme les ombres des guerriers d'Ossian se combattent dans les nuages.

Les détails sont à la hauteur de tous. Il y en a pour les opinions les plus diverses.

Chacune prend celui qui lui convient, s'y établit, s'y cantonne, et demande majestueusement qu'on en fasse le siége en règle.

Nous laissons cette entreprise à ceux qui ont plus à cœur de faire briller leur talent que la vérité.

Il reste avéré pour nous que la révolution moderne, en ce qu'elle a de novateur, de fécond et de durable, est un mouvement d'idées qui date de l'ère chrétienne.

Que son point de départ est la valeur morale de l'individu révélée par le christianisme, et qu'elle a eu pour vecteur à travers les âges l'enseignement même de la religion.

Que l'individualisme chrétien, avec son unité en Jésus-Christ, est le promoteur et le type de notre société d'individus avec le gouvernement pour unité.

Que, si le despotisme apparaît au premier aspect de cette idée, il trouve un suffisant équilibre dans l'énergie du sentiment personnel.

Tellement, que la tyrannie brutale est possible encore dans une contrée païenne ou mahométane, plus jamais dans un pays catholique. Le *moi* des philosophes n'existe que là, et en garde l'entrée.

Que le tiers état, qui a ouvert de force au progrès le champ de la politique, a péri dans la mêlée; et que le mot *bourgeois* exprime aujourd'hui une idée individuelle et chrétienne qui s'applique à tous dans la société.

Que le bourgeois, en ce dernier sens, doit tout à Napoléon, qui a organisé cette société et lui a donné ses conditions d'existence.

Qu'ainsi les deux termes de cette grande transformation sont l'initiative du tiers état et la conclusion napoléonienne.

C'est pourquoi, après toutes les tentatives avortées des partis, les choses ont repris leur cours naturel. 1852 continue 1789; et l'héritier de Napoléon est l'héritier légitime de la révolution même.

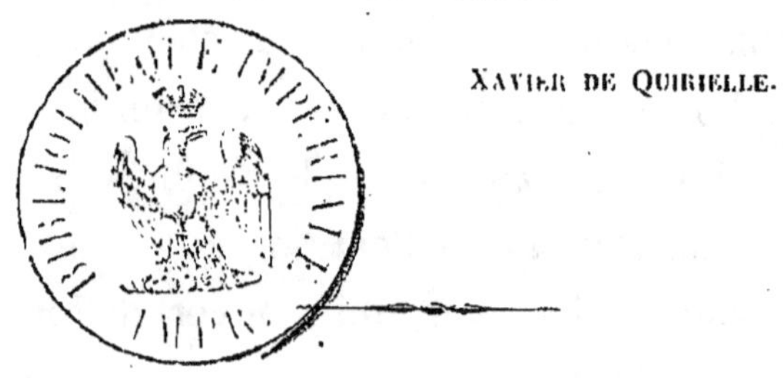

XAVIER DE QUIRIELLE.

www.ingramcontent.com/pod-product-compliance
Lightning Source LLC
LaVergne TN
LVHW010333030726
842520LV00004B/1438